Satz: DTP-Dompteuse
Druck und Bindung: Milanostampa
1 2 3 4 5 02 01 00 99 98
Auflage Jahr
(jeweils erste und letzte Zahl maßgeblich)

ISBN 3-8231-0997-9

Den Feinschmeckern, die gern auch andere verwöhnen:

Hobbykoch

Der fröhliche Ratgeber
für alle, die Spaß am Kochen haben.

Von Thomas Garms
mit Zeichnungen von Julia Drinnenberg

TOMUS

A

ablöschen

Effektive Methode, um Reste aus Wein-, Cognac- und Sherryflaschen zu verbrauchen. Allerdings wird dabei nicht der Brand durstiger Kehlen, sondern der Bratensatz gelöscht, um daraus eine Soße zu machen.

Wir empfehlen:

Halten Sie es mit Paul Bocuse, der beim Zugießen von Flüssigkeit je zur Hälfte sich bedenkt und die andere Hälfte zum Bratengut gibt. Das ist erlaubt, da der Koch geschmacklich alles unter Kontrolle behalten muß. Weil dabei aber ein paar Tropfen kaum ausreichen, sollte rasch eine neue Flasche aufgemacht werden.

abschmecken

Diffiziler Vorgang, der theoretisch das richtige Verhältnis von Aromen und Geschmacksstoffen herstellen soll, aber praktisch oft daran scheitert, daß der Hobbykoch in der Hitze des Gefechts den Salz- mit dem Zuckerstreuer verwechselt.

Unser Tip:

Ein leistungsfähiger Gaumen will ständig trainiert sein, weshalb es gar nicht genug Abschmeckvorgänge geben kann. Damit dabei aber für die anderen noch was zum Essen übrigbleibt, macht der Hobbykoch am besten gleich die doppelte Portion.

angebrannt

Alarmsignal für den Super-Gau in der Küche. Wegen der Rauchentwicklung könnte schwerer Atemschutz notwendig werden. Falls das Spülmittel nicht stark genug ist, um den Topfboden von den verkohlten Resten zu befreien, helfen notfalls Hammer und Meißel.

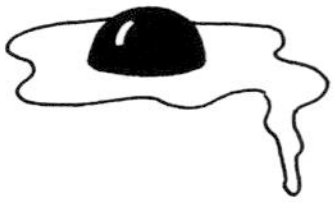

Achtung!

Wer kocht, muß seine Töpfe mindestens so genau unter Kontrolle behalten wie einen chemischen Reaktor. Zuviel Hitze kann genauso eine verheerende Wirkung haben wie zu sparsames Rühren. Der einzig sichere Ausweg, der vor derlei Problemen schützt, ist die Zubereitung von kalten Platten.

Anstandsrest

Bei den Miniportionen der Haute cuisine kein Zeichen von Bescheidenheit, sondern schlimme Demütigung für den Hobbykoch.

Wir empfehlen:

Auch den letzten Soßentropfen und das letzte Reiskorn mit verzückter Miene und unter Äußerung von Begeisterungslauten vertilgen. Nur so läßt sich der Eindruck vermeiden, das Essen hätte einem nicht geschmeckt.

Antipasti

Beliebte italienische Spezialität, für die es keine feststehenden Rezepte gibt. Sie soll die Zeit bis zum Auftragen des Essens angenehm verkürzen und erlaubt dem Hobbykoch, seine ganze Phantasie zu entfalten, indem er mit ein paar leichten Kleinigkeiten wie Schinken, Oliven, Mozzarella, Sardinen und anderen Köstlichkeiten ein mediterranes Bilderbuch auf den Teller zaubert.

Unser Tip:

Antipasti immer dann mit einem Gläschen Prosecco auftischen, wenn die Sehnsucht nach Urlaub am größten und Italien unerreichbar weit weg ist.

Asket

Natürlicher Feind des Hobbykochs, dessen einziges Ziel es ist, den Genuß zu verteufeln und mit seiner Nörgelei dafür zu sorgen, daß das Essen keinen Spaß macht. Meist

Antipasti!

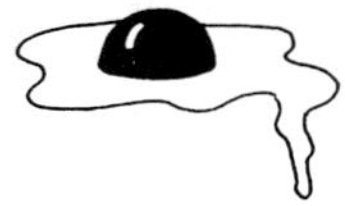

daran zu erkennen, daß er schöne, saftige Steaks angewidert von sich schiebt, um statt dessen Fingernägel zu kauen.

Wir raten:

Machen Sie einen großen Bogen um alle Menschen, die Essen als lästige Notwendigkeit betrachten und immer dann von gezielter Nahrungsaufnahme reden, wenn Sie anfangen, über Pasteten, Torten und Sahnesoßen zu schwärmen.

Austern

Gallertähnliches, salzig schmeckendes Fleisch, für dessen Genuß zuvor Kämpfe mit scharfen Messern ausgetragen werden müssen. Nur bei den Profis ritscht es einmal nach links, ratscht es einmal nach rechts, und die Schale ist auf. Der Anfänger hinterläßt allenfalls ein paar Kratzer im Muschelkalk.

Unser Tip:

Austern man nicht gerne ißt, wenn ein R im Monat ist.

B

Balsamico

Essigprodukt zu Apothekenpreisen. Nur echt aus dem italienischen Städtchen Modena. Wird von Banausen unverdünnt für Salatsoßen verwendet. Der Kenner hingegen genießt Balsamico löffelchenweise als Digestif.

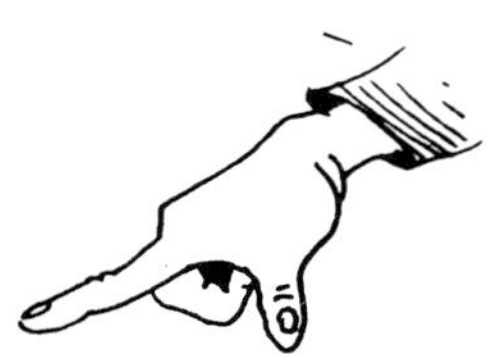

Achtung!

Wegen Risiken und Nebenwirkungen fragen Sie bitte den nächsten Italiener. Er wird Ihnen begeistert Gerichte nennen, die durch einen Tropfen Balsamico so lecker werden, daß sie süchtig machen.

Aaaaahhhrrr
Ein Stich Butter

bardieren

Höfliche Geste, einem Stück Wild oder Geflügel einen Mantel aus Speckscheiben umzulegen, damit der Braten nicht nackt dasteht.

Unsere Empfehlung:

Binden Sie die Speckscheiben gut fest, denn bald wird dem Fleisch in der Röhre so warm, daß es seine kleidsame Hülle am liebsten wieder loswerden möchte.

Beilage

Getrennt geheftete Zeitschriftenseite, die wegen ihrer Küchentips gesammelt werden.

Unsere Beobachtung:

Da der Hobbykoch kein richtiger Hobbykoch wäre, wenn er die meisten Anregungen nicht schon kennen würde, wird ihm die Beilage am Ende nur dazu dienen, den Boden des Mülleimers trocken zu halten.

blanchieren

Kurzzeitiges Garen in kochender Flüssigkeit, dessen Sinn darin besteht, daß junges Gemüse die Farbe knackiger Unschuld behält.

Wir empfehlen:

Nicht unter dem Deckel halten und einen Stich Butter hinzufügen: Dann stehen nämlich die verführerischen Vitaminbringer am Ende glänzend da.

Bocuse, Paul

Lichtgestalt der französischen Küche, den alle Winzer vergöttern, weil bei jedem seiner Gerichte mindestens eine Flasche Wein verkocht wird.

kaltes Büffet

Wir empfehlen:

Lernen Sie alle Rezepte von Bocuse auswendig. Dann wissen Sie schnell, was es auf sich hat mit dem geflügelten Wort „Leben wie Gott in Frankreich“.

Brei

Das, was gerne verdorben wird, wenn zu viele Köche ihren Senf dazugeben.

Wir empfehlen:

Am Herd sollten die Zuständigkeiten immer klar geregelt sein. Nachteil: Es läßt sich nicht irgendwem die Schuld in die Schuhe schieben, wenn etwas schiefgeht.

Butter

Milchprodukt, das in Großmutters Küche als Anti-Haftmittel aufs Kuchenblech kam, bevor diese Aufgabe von chemisch präpariertem Backpapier übernommen wurde.

Achtung!

Angeblich auch geeignet, um leckere Brote zu schmieren oder Soßen zu montieren, doch zum Leidwesen verwöhnter Gaumen vielerorts durch Margarine verdrängt.

C

Canapé

Kunstvoll dekorierte Weißbrot-Stücke für Roastbeaf, Wachtelbrüstchen, Lachs und andere Schleckereien. Kommt meist dann zum Einsatz, wenn ein Haushalt nicht über genügend Teller für größere Gesellschaften verfügt und deshalb alle Gäste von der Hand in den Mund essen müssen.

Coq au vin

Achtung!

Diese Häppchen werden meist an kalten Buffets gereicht und sind nur für Menschen mit Stehvermögen, soliden Ellbogen und insbesondere einem gesunden Verhältnis zur Aggressivität geeignet. Alle anderen gehen bei der Schlacht um die Canapés leer aus.

charmant

Leicht herablassender Ausdruck, der angewendet wird, wenn ein Wein flüchtiger schmeckt, als es sein Etikett verspricht.

Unser Tip:

Weine, die einen zu schnellen Abgang haben, können auch als flach, nichtssagend oder kurzlebig tituliert werden, wenn Sie auf Höflichkeitsfloskeln keinen allzugroßen Wert legen oder legen müssen.

Coq au vin

Kein Hahn zum Weinen, auch wenn Frankreich leider so weit weg liegt.

Unser Tip:

Halten Sie es mit Bocuse, der Flattermänner am liebsten so lange in Rebensaft taucht, bis diese mit ihren Flügeln schwimmen lernen.

Currywurst

Undefinierbarer Fremdkörper, von dem sich der ambitionierte Hobbykoch mit Grausen abwendet.

Vorsicht!

Ohne den gebührenden Respekt Klassikern gegenüber wären wir längst um einige Leckereien ärmer.

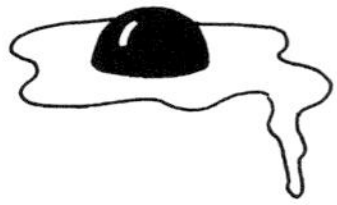

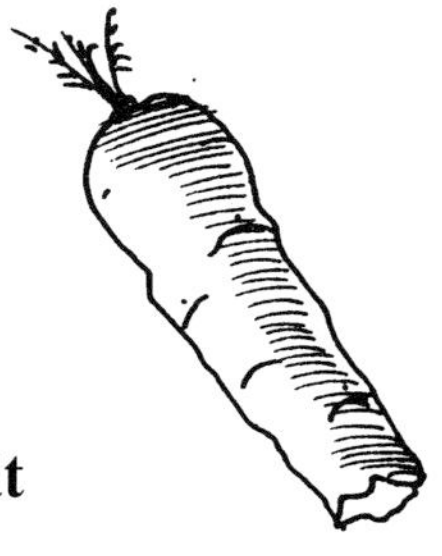

D

Diät

Von Waage und Kalorientabelle bestimmte Foltermethode, die Schlankheit verheißt, aber auf Dauer nur Kummerspeck bringt.

Unser Tip:

Wer sich die Freude am Essen und an einer guten Figur möglichst lange erhalten will, sollte ganz einfach der Erkenntnis folgen: F(riß) d(ie) H(älfte).

Dolce vita

Bezeichnet zum Beispiel den Luxus eines ausgiebigen Verdauungsschläfchens im Anschluß an ein opulentes Mahl, während andere die Küche aufräumen.

Unser Hinweis:

Auf Dauer langweilig.

dressieren

Vorgang, der höchstes Einfühlungsvermögen in die Anatomie von Geflügel, Wild und anderem Getier verlangt. Weil das liebe Vieh normalerweise nicht von selbst in den Schmortopf passen will, wird es so lange mit Fäden, Klammern und Stäbchen dressiert, bis es sich formvollendet in sein Schicksal fügt.

Vorsicht!

Er wurde gemeldet, daß es immer mehr Brathähnchen gibt, die von dieser Art der Behandlung den Schnabel voll haben und bei der kleinsten Unachtsamkeit durch die Dunstabzugshaube ins Freie flattern.

1. Tag ....
10. Tag ....
20. Tag ...
30. Tag !

E

Edelstahl

Von Küchenausstattern künstlich teuer gehaltener Werkstoff für Töpfe, die vor allem dadurch glänzen, daß sie sich nur mühselig säubern lassen.

Unser Tip:

Polieren Sie sich bitte nicht die Finger wund: Patina fördert den Geschmack.

Einbauküche

Traum eines jeden Hobbykochs zur Steigerung des eigenen Selbstbewußtseins. Kann nicht teuer genug sein, wird indessen öfter gewechselt als die Schürze.

Achtung!

Ihren Namen verdient die Einbauküche nur dann, wenn an ihrer Planung Dutzende von Designern, Architekten und Ausstattern gearbeitet haben und sie bei einem Wohnungswechsel nur noch Schrottwert hat, weil sich keines der Teile wieder sinnvoll aufstellen läßt.

Einladung

Das Lebenselixier eines jeden Hobbykochs. Denn was wäre seine Herdakrobatik wert, hätte er nicht ein Publikum, das sich mit vermeintlich kniefälliger Begeisterung die abenteuerlichsten Kreationen auftischen läßt und dankbar jede Suppe auslöffelt, die ihm eingebrockt wird. Je öfter es der Hobbykoch schafft, die Barriere fadenscheiniger Absagen zu durchbrechen und tatsächlich Gäste an den heimischen Herd zu locken, desto größer sein Erfolg. Ruhm entsteht schließlich nur durch Öffentlichkeit. Ganz abgesehen davon, daß es unter der Würde des Hobbykochs wäre, das neue Rezept erst einmal für sich alleine auszuprobieren.

Viele Köche v

derben den Brei!

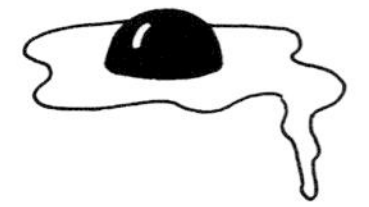

Wir merken uns:

Sind wir zum Essen bei einem Hobbykoch eingeladen, steht uns nicht zu, das Tischgespräch auf allgemeine, politische, gesellschaftliche oder kulturelle Themen zu lenken. Unsere einzige Aufgabe ist es, immer neue Komplimente von uns zu geben und mit animalischen Lauten auch den kleinsten, längst erkalteten Soßenrest vom Teller zu schlecken.

einweichen

Wird meistens vergessen. Deshalb sind
a) von Speiseresten verklebte Töpfe fast nicht mehr sauberzukriegen oder
b) getrocknete Hülsenfrüchte wie Bohnen oder Linsen selbst nach stundenlangem Kochen nicht angenehm zu kauen.

Trick:

Bringen Sie zur Abwechslung ruhig auch mal Getreidekörnern das Schwimmen bei, um daraus gesundes Sprossen-Gemüse zu zaubern. Während die quellenden Samen durch das Einweichen Keimlinge bilden, vervielfacht sich der Vitamingehalt.

Engländer

Menschliche Spezies, von der die Tischrede erfunden wurde, damit man ihr Essen vergißt.

Unser Hinweis:

Die größte Eigenart der englischen Küche ist, daß sie keine hat. Weil im Inselreich der wichtigste Teil der täglichen Nahrungsaufnahme zum Frühstück eingenommen wird, sollte man danach schnell die Flucht ergreifen.

Experiment

Wissenschaftliche Bezeichnung für Probeläufe in der Küche, die durch den Mangel entsprechender Rezepte nötig werden. Das virtuose Handhaben solcher Experimente setzt ein sehr sensibles Gefühl für Garzeiten

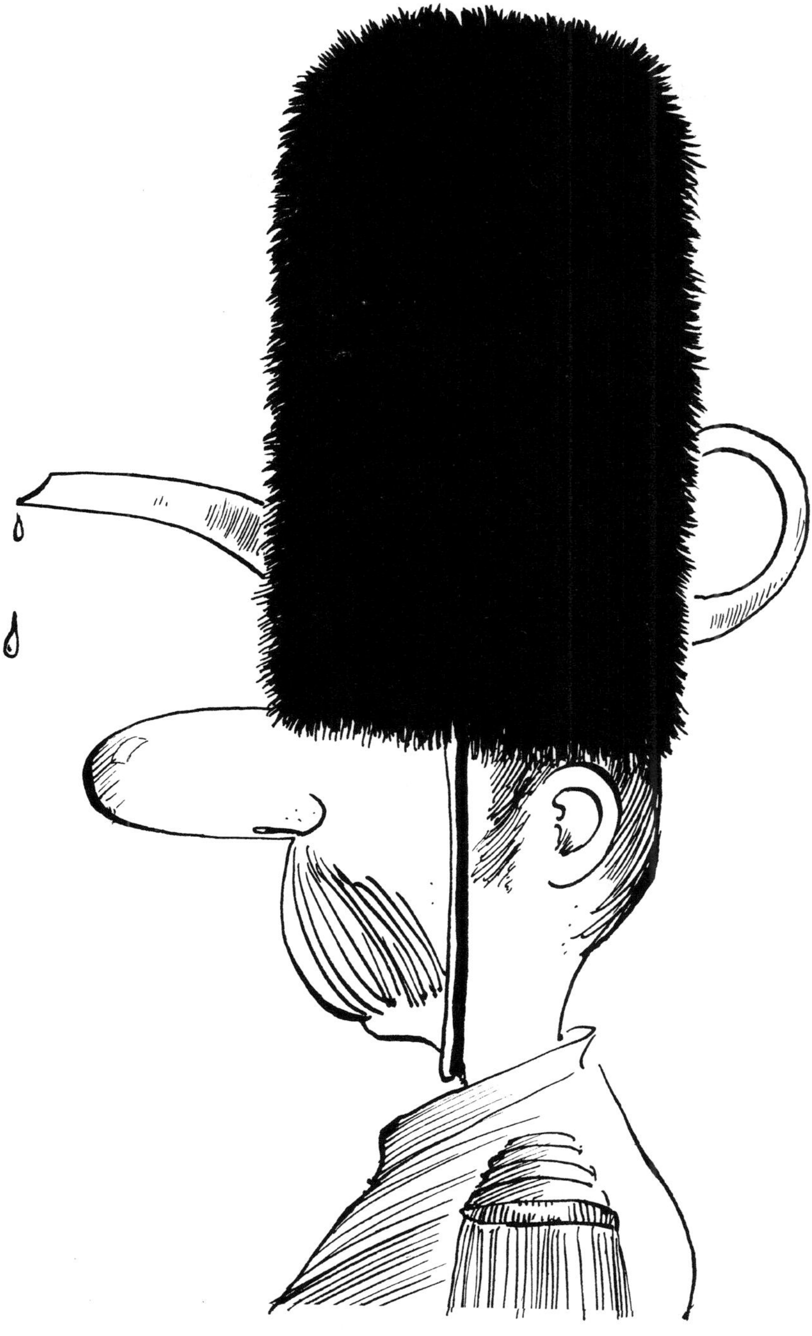

und die Reaktion der verschiedenen Zutaten untereinander voraus. Wenn nämlich Fehler passieren, kann die wissenschaftliche Selbsterkenntnis nicht mehr auf dem Tisch wirksam werden. Infolgedessen empfiehlt es sich, vorsichtshalber ein paar Tiefkühl-Pizzas aufzutauen.

Achtung!

Experimente in der Küche sind wichtig, damit man mit dem eigenen Können vorankommt. Um sich jedoch eine eventuelle Blamage zu ersparen, sollte sich niemand vorher genau darauf festlegen, welches Gericht am Ende dabei herauskommen soll.

F

falscher Hase

Kommt auf den Tisch, weil
a) Wildbret immer seltener wird bzw. seit Tschernobyl nicht mehr gerade gesundheitsfördernd ist und
b) man beim Kauen nicht auf Schrotkugeln beißt.

Wir empfehlen:

Vorsicht, wenn dieses Gericht auf dem Teller landet: Es könnte eine der zahlreichen Katzen des Nachbarn sein!

Fastenzeit

Zeitraum von Aschermittwoch bis Ostern, der den mit Lüsternheit Essenden zum Verzicht auffordert, vom Hobbykoch aber aus seinem Kalender gestrichen wurde.

Unser Tip:

Selbst wer sich zur Läuterung der Seele an die christlichen Regeln halten will, muß nicht darben: Schließlich gibt es das von den Mönchen erfundene Bier (in der Klostersprache „flüssiges Brot“). Mit ihm lassen sich die vierzig Fastentage trefflich überbrücken.

Fensterbank

Zuchtstation für allerlei Grünzeug wie Minze, Schnittlauch, Basilikum, Salbei, Kresse oder Petersilie. Bei der jüngeren Hobbykoch-Generation wurde auch Haschisch gesichtet.

Achtung!

Leider stehen die Fensterbank-Töpfe immer dann im Weg, wenn schnell mal das Fenster geöffnet werden muß, um den Küchendunst abziehen zu lassen. Dann gilt: Scherben bringen Glück!

Fett

Substanz, die sich ihre Fähigkeit als hervorragende Aromaträgerin mit ihrer gefährlichen Wirkung auf die Figur des Essers bezahlen läßt.

Unser Tip:

Mildern Sie die schlimmsten Folgen mit Kümmel (verdauungsfördernd), Korn (bringt ein wohliges Gefühl in den Magen) und viel Bewegung (sowieso gesund).

Fondue

Wirkungsvollste Methode, ein Vermögen für Filetfleisch auszugeben, um das Eßzimmer für viele Tage wie eine Bratbude riechen zu lassen.

Wir empfehlen:

Lüften, lüften, lüften.

G

garnieren

Tätigkeit, die sich durch Radieschen-Schnitzereien, regen Verbrauch von Petersilienbüscheln oder Tomaten-Rosetten verrät und vom Irrglauben geleitet wird, bei der Kochkunst sei die Verpackung wichtiger als der Inhalt.

Wir raten:

Betreiben Sie das Kochen um des Kochens und der Lust willen, statt auf Showeffekte zu setzen.

Gehirnschmalz

Küchenkunst setzt nicht nur handwerkliche Geschicklichkeit und einen sensiblen Gaumen voraus, sondern bedeutet auch eine Menge Kopfarbeit. Beispielsweise um all die komplizierten Mengenangaben zu dechiffrieren, die da lauten: 1 Schoppen Wein (= 0,475 l), 1 Quint Salz (= 4 3/8 Gramm) oder 1 Eimer Wasser (64 Liter).

Wir empfehlen:

Damit Ihre Gäste endlich begreifen, welch außergewöhnliche intellektuelle Anstrengung die Speisenzubereitung verlangt, sollten Sie sich folgenden altbayerischen Sinnspruch über die Küchentüre nageln: „Wenn's jedem schmeckt und alles lacht, bedenkt: Ich habe nachgedacht!“

Gewürze

Pulvrig-buntes Zubehör, das viel Geld kostet, schnell verdirbt und sich meistens nicht fein genug dosieren läßt. Wird in perforierten Behältern aufbewahrt, die dazu neigen, ihren verklumpten Inhalt nur nach kräftigem Schütteln freizugeben – dann freilich allzu üppig.

Garnieren

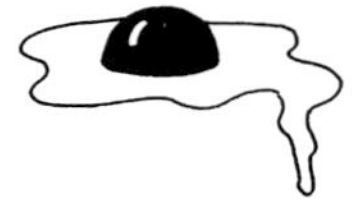

Achtung!

Die größte Sorge des Hobbykochs: daß sein Gericht fade schmecken könnte. Eine umfangreiche Gewürzpalette ist deshalb unverzichtbar. Vor allem, wenn man bei den Gästen ein gepfeffertes Gaumenbrennen provozieren will.

Gourmets

Zivilisierte Zeitgenossen, die von Neidern als Hedonisten gebrandmarkt werden, weil diese nicht wissen, was gut schmeckt.

Tip:

Schämen Sie sich! Wie kann man sich nur des Lebens freuen, wenn es Andernsessenden schlechtgeht. Wir wär's mit einer Einladung?

Gourmand

Einer, der auch bei viel zu großen Portionen seinen Teller stets völlig leer hinterläßt, selbst wenn er längst keinen Hunger mehr hat.

Achtung!

Tragen Sie immer eine Kochmütze. Es könnte sein, daß der Gourmand bei seinen unkontrollierten Eßgewohnheiten nicht davor zurückschreckt, Ihnen die Haare vom Kopf zu fressen.

grillen

Garverfahren, das sich Hobbyköche bei Urlaubern in südlichen Ländern abgeschaut haben. Dort entsteht durch Strahlungswärme mit oder ohne Fettzugabe knusprige Haut.

Gourmand

HOBBYKOCH

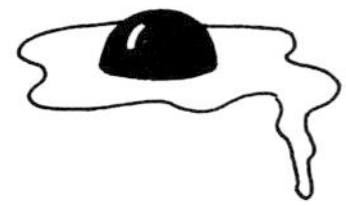

Unser Tip:

Blasen und Qualm sind noch kein Grund zur Beunruhigung: Es sei denn, die Feuerwehr naht, weil die Flammen des Grills auf das Haus übergegriffen haben.

H

Hausfrau

Bemitleidenswerte Kreatur, die sich im Gegensatz zum Hobbykoch nicht von ausgewählten Gästen bewundern lassen kann. Statt dessen muß sie Tag für Tag nur mit dem einen Ziel arbeiten: die ihr anvertrauten Münder zu stopfen und satt zu kriegen.

Wir raten:

Jeder Hobbykoch sollte sich gelegentlich vom Olymp der Haute cuisine herabbewegen und schauen, was es heißt, tagtäglich in Windeseile für eine Horde hungriger Schulkinder ein Mittagessen auf den Tisch zaubern.

Helene

Schöne junge Frau, die sich namentlich mit einer heißen Birne vermählte, weil der Pfirsich gerade ein Rendezvous mit einem gewissen Fräulein Melba hatte.

Unser Tip:

Schaffen Sie sich als Hobbykoch Unsterblichkeit, indem Sie Ihr bestes Gericht nach Ihrem Namen taufen. Ideen dazu gibt es genug: Bismarckhering, Filet Wellington, Tournedos Rossini. Warum nicht auch Sülze Meier, Bratfisch Schulze oder Schnitzel Mustermann?

oh, Hélène
oh, René-Claude

Herd

Anlaß für Glaubenskriege: Der eine entflammt bei Gas, der andere kann nur mit Elektro leben. Womit man besser kocht, ist freilich nicht erwiesen.

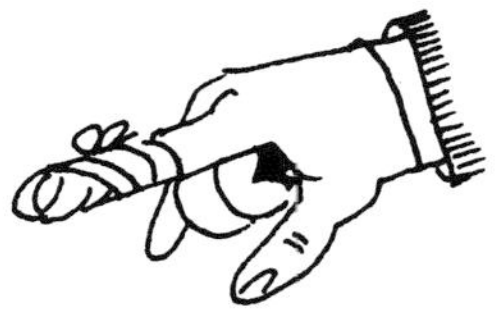

Unser Tip:

Bevor Sie sich an einer fruchtlosen Diskussion die Finger verbrennen, sollten Sie Ihre Energie darauf verwenden, auf die richtige Temperatur zu achten.

Huhn

Langweiliges Federvieh, das aber durchaus beflügelnd wirken kann, wenn es phantasievoll zubereitet ist.

Wir empfehlen:

Um den unvermeidlichen Streitigkeiten bei Tisch aus dem Wege zu gehen, wer die Brust und wer die Schenkel bekommt, kochen Sie am besten Frikassee.

Hummer

Schwer zu knackendes Schalentier mit angeblich Potenz-zündender Kraft. Sündhaft teuer, vor allem, wenn man den Krankenhausaufenthalt mit einrechnet, weil einen das Vieh vor dem Plumps in den Kochtopf mit seinen Scheren in den Finger gezwickt hat.

Wir empfehlen:

Am besten kochen Sie gleich zwei Hummer. Dann sind die Burschen mit dem Kampf um den besten Platz im Topf beschäftigt und Sie aus der Gefahrenzone.

petit pois

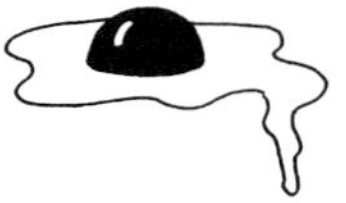

I

Ingwer

Knollenartige Wurzel mit scharfem Geschmack. Allzweckwaffe der chinesischen Küche, die Salmonellen töten, aber auch Fleisch zart machen und konservieren kann.

Vorsicht!

Es empfiehlt sich nicht, fragwürdige Qualität durch exotisches Flair zu übertünchen, auch wenn aus diesem Grund manch süß-saure Spezialität entstanden sein soll.

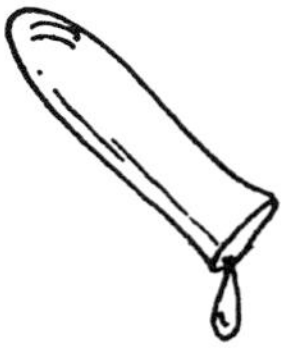

K

Kaiserschmarrn

Bröcklige Kalorienbombe, die wir Sissi und ihrem geliebten Kaiser Franz Joseph zu verdanken haben, weil diese als Österreicher nicht im Stande waren, einen Pfannkuchen am Stück zu backen.

Unser Tip:

Denken Sie bloß nicht, daß Adel verpflichtet: Palatschinken oder Crêpes sind genauso lecker.

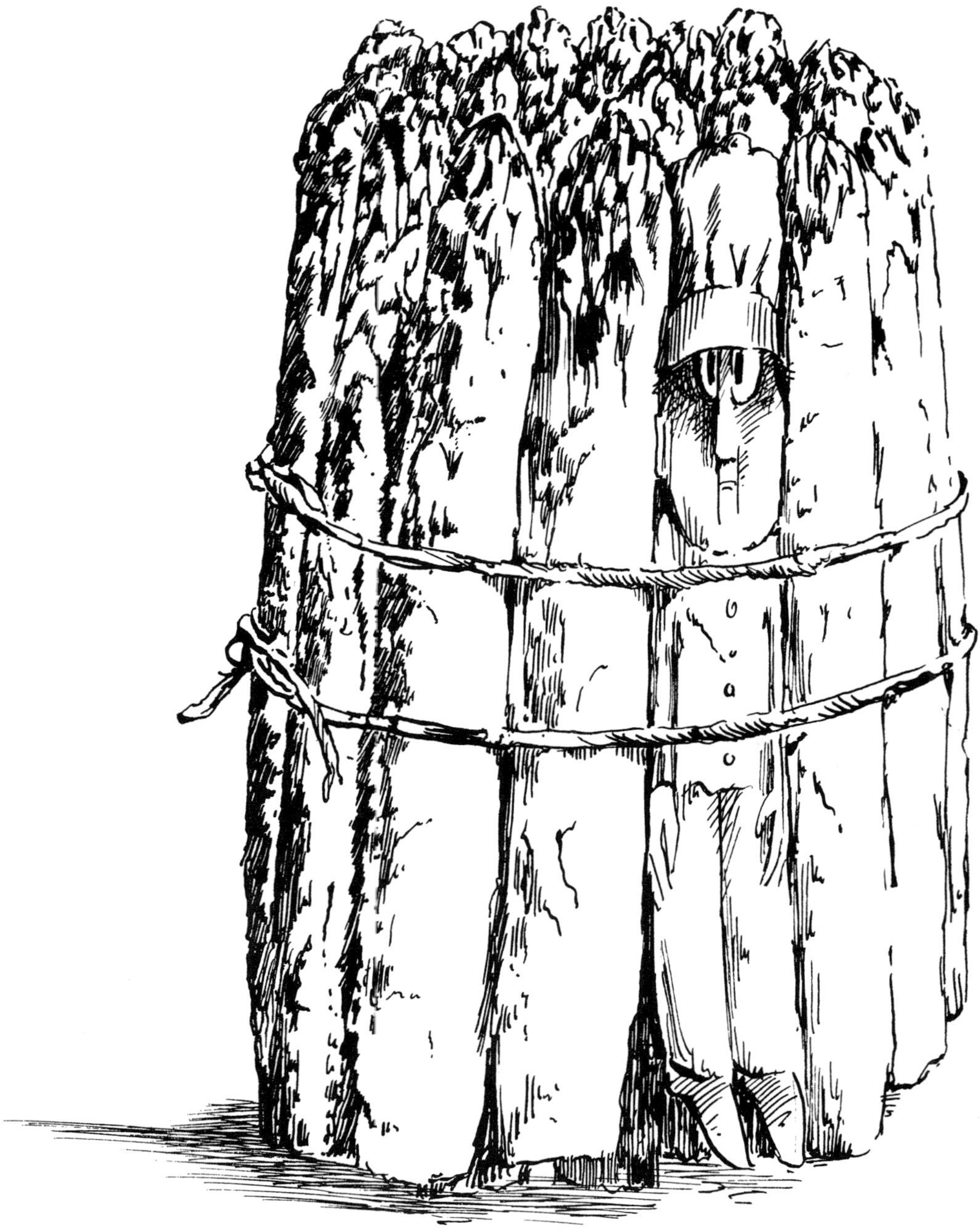

Kalorien

Werkzeug des Teufels, das (beinahe) jeden Küchengenuß vereitelt, solange der Hobbykoch Angst um seine gute Figur hat.

Unser Trost:

Stehen Sie zu Ihrem Bauch: Luft und Liebe alleine machen weder satt, noch schenken sie einem einen göttlich trainierten Gaumen.

Käse

Bisweilen recht streng riechendes Molkereierzeugnis, das sich die Mäuse aus den vom Hobbykoch aufgestellten Fallen klauen, um mit ihrer Beute in Gesellschaft eines großen Rotweins den Abend ausklingen zu lassen.

Unser Tip:

Den Käse mindestens drei Stunden vorher aus dem Kühlschrank nehmen, damit die Maus auch wirklich die ganze Aromafülle genießen kann.

Kaviar

Die teuerste Art, einen salzigen Geschmack in den Gaumen zu bekommen.

Wir empfehlen:

Wodka hilft beim Neutralisieren und betäubt den finanziellen Schmerz.

Kochbücher

Erfindung von Verlegern, die sich daran ergötzen, ihren Mitmenschen das Wasser im Munde zusammenlaufen zu lassen. Bei näherem Studium bringen Kochbücher ihre Leser zur Verzweiflung. Denn entweder sind sie unverständlich geschrieben, oder sie geben unzuverlässig Auskunft über Mengen und Zutaten. Zudem kommt es äußerst selten vor, daß das nachgekochte Gericht auch nur entfernt Ähnlichkeit mit dem entsprechenden Foto besitzt.

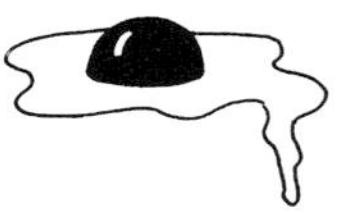

Wir raten:

Seien Sie niemals enttäuscht, wenn das Ergebnis von der Vorgabe abweicht. Das ist Absicht, damit der Hobbykoch aus lauter Verzweiflung noch mehr Kochbücher kauft.

Kochmütze

Kleidungsstück, welches das berühmte Haar in der Suppe verhindern soll und durch seine Höhe über das Können des Trägers Auskunft gibt.

Vorsicht!

Auch wenn Sie noch so toll kochen: Dies ist noch lange kein Grund, eine Mütze zu wählen, die so hoch ist, daß Sie mit ihr an der Deckenlampe hängenbleiben.

Knoblauch

Allzweckwaffe beim Kochen. Jedes noch so fade Gericht läßt sich durch die Beigabe von reichlich Knoblauch als mediterrane Spezialität präsentieren, die zudem angeblich ein langes Alter beschert.

Vorsicht!

Nach dem Knoblauchgenuß niemals andere Leute anhauchen, es sei denn, es handelt sich um Vampire.

Kohle

1. Fossiler Brennstoff, um Omas Herd zu befeuern.
2. Mit Ziffern bedrucktes Papier, von dem nie genug da ist, um all die teuren Zutaten und Gerätschaften zu berappen, von denen Hobbyköche glauben, sie unbedingt anschaffen zu müssen.

Vorsicht!

Da dem Hobbykoch nichts zu teuer ist, sollte man ihm spätestens dann einen Besuch beim Psychiater nahelegen, wenn er anfängt, den Grill mit Geldscheinen zu entzünden.

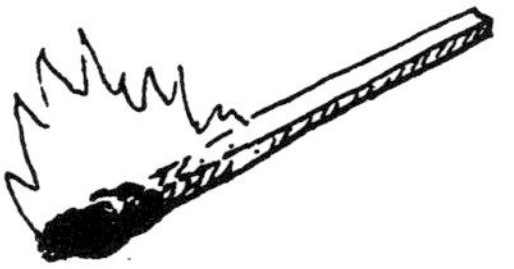

Küchengarn

Abenteuerliche Geschichten, die sich Hobbyköche gegenseitig erzählen und die das Gelingen der kompliziertesten und köstlichsten Gerichte zum Gegenstand haben.

Unsere Empfehlung:

Lassen Sie sich so lange nicht von den erzählten Heldentaten einwikkeln, bis der Küchenkünstler tatsächlich unter Beweis stellt, was er zu können vorgibt.

Kühlschrank

Aufbewahrungsort, der das zwanglose Beisammensein von ansonsten strikt getrennt zu haltenden kulinarischen Schätzen wie beispielsweise Tintenfischen, Wackelpudding, Essiggurken und Weinbergschnecken fördert, bevor diese auf Nimmerwiedersehen in den Kochtopf wandern.

Unsere Empfehlung:

Damit die romantische Stimmung im Kühlschrank nicht über kurz oder lang in Gefahr gerät, sollte er durch ein solides Vorhängeschloß gesichert sein. Familienmitglieder, die sich hier nachts zum Stelldichein treffen, um alles wahllos wegzufuttern, haben dann keine Chance mehr.

Kugelfisch, japanischer

Äußerst teure und giftige Spezialität, die sich nur für fröhliche Tafelrunden eignet, wenn russisches Roulett zu langweilig geworden ist. Da nur besonders geschulte Köche in der Lage sind, das in Haut und Innereien versteckte Tetrodotoxin zu entfernen, stirbt der Gast noch während des Essens, wenn das Ausnehmen danebenging.

Unser Tip:

Warten Sie mit der Beerdigung dahingeschiedener Gäste, denn es soll schon vorgekommen sein, daß diese vor Schreck über das Irrsinnsmahl wieder aufwachten.

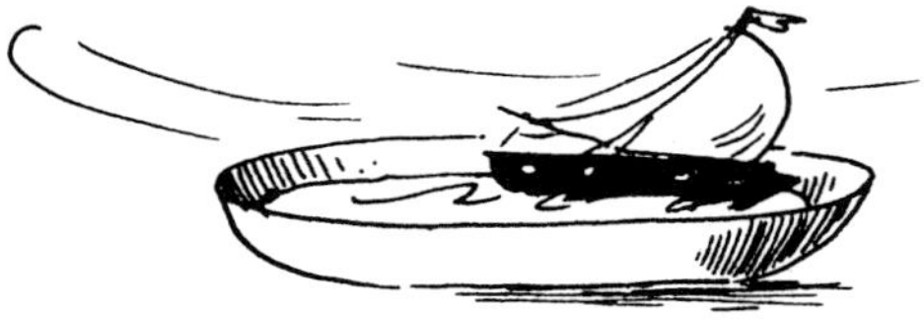

L

Labskaus

Segnung der Küstenküche, eigentlich unvereinbare Zutaten wie Spiegelei, Apfel, gepökeltes Fleisch und Hering zu einem Brei zu verbinden und damit nicht nur Seebären glücklich zu machen.

Unser Hinweis:

Auch wenn es eigentlich unter der Würde des Hobbykochs ist, ein Gericht wieder aufzuwärmen, beim Labskaus trägt gerade diese Technik wesentlich zur Geschmacksverbesserung bei. (Wie auch bei vielen Eintopfgerichten.)

Lachs

Fisch, der vom Image nicht loskommt, in Meerrettichsahne gezeugt, geboren und gezüchtet zu werden.

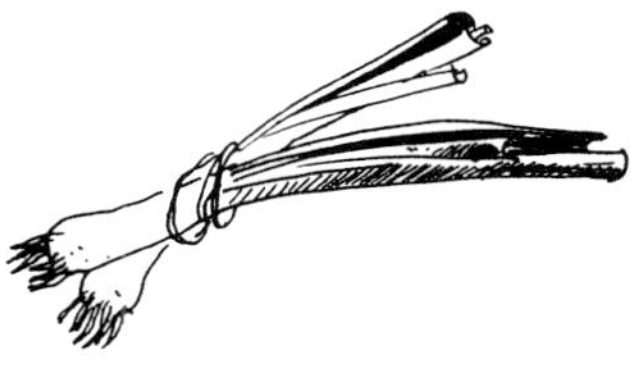

Unser Tip:

Die Zubereitung des armen Tieres öfter mal variieren (gebeizt, gekocht, gegrillt), bevor der Ruf als Delikatesse völlig den Bach runtergeht.

Leberkäse

Bayerische Spezialität, die trotz dieses irreführenden Namens weder mit Leber noch mit Käse zu tun hat.

Unser Tip:

Lernen Sie bei dieser Gelegenheit gleich den Stundenplan bayerischer Ernährungsweise kennen: 10 Uhr Leberkäse, 11 Uhr Weißwurst, 12 Uhr saures Nierl, 13 Uhr Tellerfleisch, 16 Uhr Preßsack, 17 Uhr Radi mit Brezn. Danach Hendl, Haxe und Schweinsbraten.

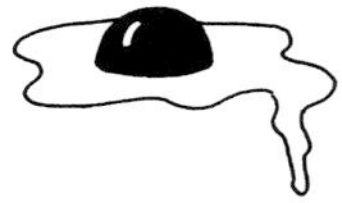

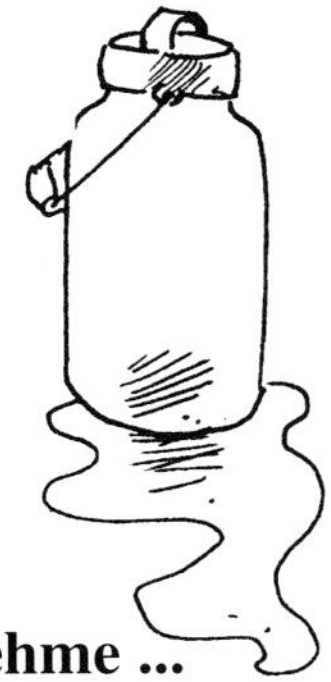

M

Man nehme ...

Mit diesen Worten beginnen Generationen von Kochrezepten. Meist werden Zutaten verlangt, die entweder aus saisonalen Gründen nicht erhältlich sind, ein Vermögen kosten oder ausschließlich dort auf den Markt kommen, wo der Pfeffer wächst. Leider verzichten Kochbuch-Autoren in ihrer überheblichen Art darauf, Alternativen zu nennen, weswegen es dann doch wieder Spaghetti mit Tomatensoße gibt.

Wir raten:

Nicht aufgeben! Die Beschaffung von ausgefallenen Zutaten kann spannender sein als jeder TV-Krimi. In Bayern einen Heidschnuckenrücken aufzustöbern, das ist etwas für Anfänger. Bei Profis müssen es mindestens puertoricanische Kochbananen oder getrocknete Heuschrecken aus dem Sudan sein. Wahre Meister feiern indessen ihren Triumph, wenn sie das fehlende Melissenkraut dem Garten des verhaßten Nachbarn entrissen haben.

Matjes

Sind für den Hobbykoch nur interessant, wenn sie jungfräulich und silbrig schwimmend im Wonnemonat Mai aus dem Meer gefischt werden. Die Heringsmädchen, die über die holländischen Meisjes zu ihrem Namen kamen, dürfen ihr zartes Fleisch allenfalls mit Sauerrahm und Preiselbeeren vermählen.

Achtung!

Niemals hoffen, daß sich Matjes straflos vernaschen lassen. Wie bei verschreckten jungen Mädchen üblich, stellen sie sich heimtückisch unter den Schutz von rohen

Zwiebeln, was erstens zu fürchterlichem Mundgeruch und zweitens zu kaum überhörbarem Magengrummeln führt.

Mehlschwitze

Man nehme eine Pfanne, lasse darin Butter heiß werden, rühre Mehl hinein und gieße das Ganze mit Brühe auf. Sobald die Masse fast automatisch anbrennt und zu klumpen beginnt, hat man es wieder nicht geschafft.

Unser Tip:

Schnell heißes Wasser und Spülmittel dazu, weil sich die Pfanne sonst nie wieder von den klebrigen Rückständen befreien läßt.

Menü

Abend- und magenfüllendes Unterhaltungsprogramm in mehreren Akten, bei dem der jeweils servierte Teil nie ganz befriedigen darf, sondern immer neuen Appetit auf das Nächstfolgende machen sollte.

Achtung!

Ein Menü erfordert viel: viel Sitzfleisch, viele verschiedene Teller und viel guten Zuspruch für den Koch, damit dieser nicht kurz vor dem Nachtisch schlappmacht.

Messer

Bei keinem anderen Küchenutensil ist der Hobbykoch so eigen wie mit dem Messer. Dutzende von Schneidwerkzeugen mit den verschiedensten Formen und Klingen werden gebraucht, selbst wenn für das teure Gerät Unsummen aufgewendet werden müssen. Beispielsweise ist nur das aus Japan importierte Keramikmesser gut genug, um den Fisch zu filetieren, dürfen Erdbeeren niemals mit groben Zacken zerteilt und darf Schnittlauch ausschließlich mit dem Gemüsekneipchen in Röllchen geschnitten werden, weil andere Messer eventuell die Halme quetschen könnten. Die allergrößte Sünde ist freilich, das in

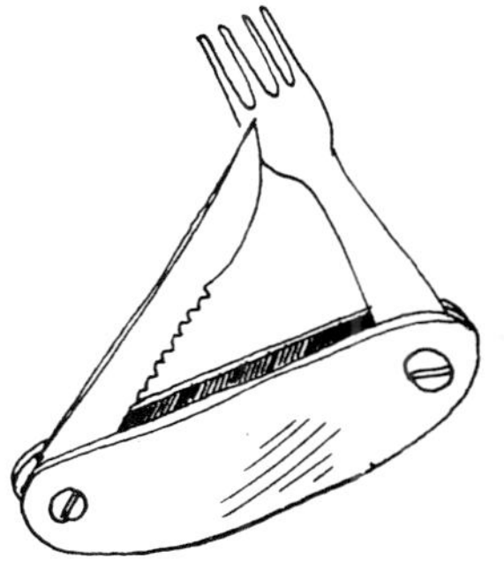

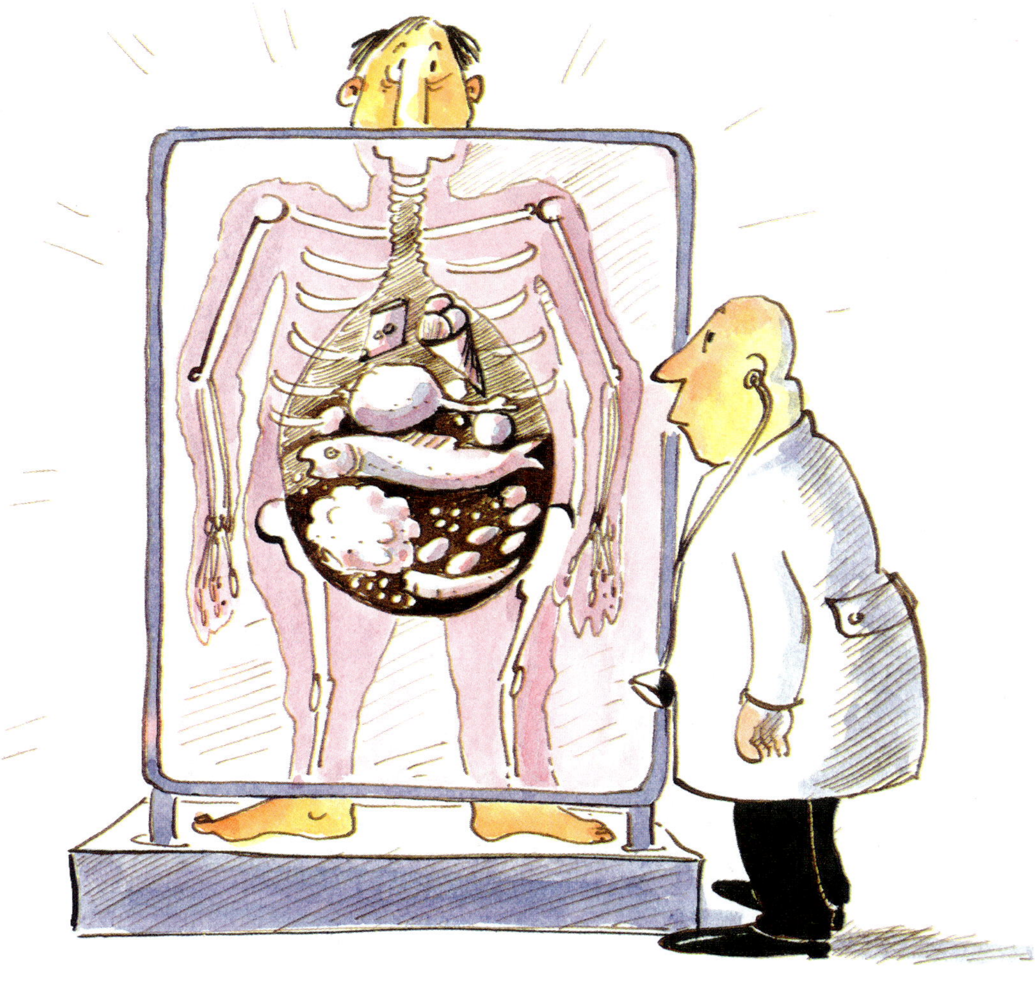

Menü

stundenlanger Handarbeit geschärfte Fleischmesser zu benutzen, um den Kindern damit die Schulbrote zu schmieren.

Achtung!

Nur mit gutem Werkzeug läßt sich auch gut arbeiten. Wer glaubt, einem Hobbykoch genügen diese aus Stahl gestanzten Billigprodukte mit fröhlich bunten Plastikgriffen, hat sich geschnitten. Gearbeitet wird ausschließlich mit Spitzenprodukten, die in ihrer Qualität jedes Chirurgenbesteck überbieten.

Messerspitze

Allgemein anerkannte Maßeinheit für minimale Gewürzbeigaben. Klar ist, daß die Genauigkeit der Dosierung nicht von der Größe des Messers abhängt, sondern ausschließlich von dem sensiblen Empfingen des Gourmets, der durch seine Erfahrung schon weiß, wieviel gemeint ist.

Wir empfehlen:

Wenn Sie sichergehen wollen, müssen Sie den Kochbuchautor anrufen und ihn fragen, ob er ein Fischmesser, Gemüsemesser, Käsemesser, Brotmesser oder Taschenmesser für seine Messungen herangezogen hat.

Mikrowelle

Scherzartikel für gestreßte Mütter und Yuppies, die Kochen damit verwechseln, Nahrungsmittel auf Knopfdruck heiß zu machen.

Achtung!

High-Tech der beschriebenen Art können ambitionierte Hobbyköche nur mit Verachtung strafen. Deswegen haben sie Agenten bei den Haushaltsgeräteherstellern eingeschleust, die dafür sorgen, daß Mikrowellengeräte mit immer komplizierteren Programmierschaltungen ausgerüstet werden, die niemand verstehen und bedienen kann, weshalb der gute alte Herd bald wieder fröhliche Urständ feiert.

Mouton-Rothschild

Bestsellermarke aus dem Anbaugebiet Pauillac, die davon lebt, daß betuchte Hobbyköche majestätischen Wein-Genuß mit der Strahlkraft namhafter Labels verwechseln.

Unser Tip:

Nicht der Preis zählt beim Wein, sondern allein sein Geschmack. Als Test für prestigesüchtige Gäste empfehlen wir, ordinären Vin de pays in eine zuvor geleerte Flasche Mouton Rothschild 1982 (einer der besten Jahrgänge) abzufüllen. Die zwangsläufigen Ahs und Ohs machen Ihnen endgültig klar, daß Hochstapelei nur deswegen funktioniert, weil niemand an das Einfache glauben will.

N

Nachos

Seit allenthalben die Mexikaner auf dem Vormarsch sind, haben herkömmliche Kartoffelchips ausgedient. Angesagt ist dagegen folgendes: Teig aus Maismehl hauchdünn ausrollen und kroß backen. Dazu Avocado-Mus, Bohnenpüree, kleingeschnittene Tomaten und viel Tabasco servieren.

Wir empfehlen:

Zur Verdauung Margaritas trinken und Samba tanzen.

Nachtisch

Welt süßer Verlockungen, mit der all jene belohnt werden, die vorher schön brav ihren Teller leer gegessen haben.

Soufflé

Achtung!

Da die üppige Pracht von Mousses, Parfaits, Crêpes, Charlotten, Cremes, Torten, Meringuen, Soufflés oder Eisbomben immer erst dann gereicht wird, wenn man eigentlich satt ist, sei an folgende Regel erinnert: Fülle der Lust auf der Zunge heißt zumeist auch Fülle der Last auf der Waage.

naschen

Undisziplinierte Verhaltensweise vieler Zeitgenossen, vor der weder Töpfe noch Zutaten sicher sind. Vor allem kurz vor dem Essen zu beobachten. Indiz dafür, daß jemand genascht hat, sind zum Beispiel Fingerspuren im ansonsten glatten Pudding, fehlende Garnierkirschen und angeknabberte Hähnchenschenkel.

Unser Tip:

Um heimlich Nascher zu identifizieren, gibt es ein einfaches Rezept: Man lege Heidelbeeren als Köder aus. Die Zunge des Missetäters bleibt stundenlang blau und läßt sich auch durch Mundspülungen nicht gleich entfärben.

Natrium

Pülverchen, das aus zähen Ochsenmuskeln ein zartes Kalbsschnitzel macht.

Unser Tip:

Vorsicht bei der Dosierung, sonst könnte es passieren, daß die Zunge des Essers so mürbe wird, daß sie ihm aus dem Mund fällt.

Niedergang

Schicksal eines prächtig aufgegangenen Soufflés, das plötzlich kalte Luft abbekommt.

Vorsicht!

Achten Sie immer darauf, daß Ihre Speisen niemals im Zug stehen, es sei denn, Sie haben dort einen Kühlschrank, wo andere Leute einen Magen haben.

Nouvelle cuisine

Nouvelle cuisine

Gastronomische Reformbewegung, die vom Dosenöffner zum Kochlöffel zurückkehrte und sich diesen (eigentlich selbstverständlichen) Einfall teuer bezahlen läßt.

Trick:

Pfeifen Sie auf Schlagwörter und Modetrends. Wer sich an den saisonalen Angeboten des Marktes orientiert und kocht, was schmeckt und hübsch auf dem Teller aussieht, der wird den größten Erfolg haben.

P

Partner

Nichts ist schlimmer für Hobbyköche, als wenn sie mit einem Partner zusammenleben müssen, der seine Freizeit selbst gerne am Herd verbringt. In einer solch unerträglichen Konkurrenzsituation kann sich kein Talent entfalten. So sollte der Lebensgefährte seine Demut unter Beweis stellen, indem er klaglos niedere Dienste wie Kartoffelschälen verrichtet und selbstverständlich die ganze Nacht opfert, um die verklekkerte Küche zu reinigen, während der große Meister im Wohnzimmer bei einer Flasche Champagner den großen Triumph seines endlich klümpchenfrei zu Tisch gebrachten Kartoffelpürees feiert.

Wir empfehlen:

Heiraten Sie einen Hobbykoch nur, wenn Sie über ausreichendes Kleingeld für eine Putzkolonne verfügen. Ansonsten könnten Sie gleich sämtliche Interessen aufgeben, weil Sie zu Hause den lieben langen Tag dazu verdonnert sind, verkrustete Töpfe auszuscheuern, Silberbesteck zu polieren und Fettspritzer aus den Winkeln der neuen Einbauküche zu kratzen.

Pasta

Pasta

Modewort für Teigwaren, das den Italiener in uns wecken soll. Die Speise wird meist in Verbindung mit höchst delikaten Soßen gereicht und entzündet immer wieder die Grundsatzdiskussion, ob Nudeln mit oder ohne Löffel zu verzehren sind. Nutznießer ist die Waschmittelindustrie, denn kein Pasta-Esser wird den Tisch ohne Flecken verlassen, es sei denn, er bekommt ein Messer zum Kleinschneiden.

Unser Tip:

Holen Sie einzelne Nudeln während des Kochens immer mal wieder aus dem Topf und werfen Sie diese an die Wand. Wenn die Nudel kleben bleibt, ist sie noch nicht fertig. Das sieht als Garprobe ungeheuer professionell aus, hat aber den Nachteil, daß nachts die Mäuse auf Ihren Kacheln spazierengehen.

Pommes frites

Lieblingsspeise aller Kinder, die auch von erwachsenen Gourmets mit Heißhunger verzehrt wird, sobald sie sich unbeobachtet fühlen.

Wir empfehlen:

Bekennen Sie sich zu Ihren Gelüsten! Immer dann, wenn durch das Verzehren der Kartoffelstäbchen Ihr kulinarisches Image in Frage stehen sollte, können Sie die Situation mit selbstgemachtem Ketchup und Gourmet-Mayonnaise retten.

Portion

Relativer Faktor, der die Ausmaße einer Speise bestimmt, und damit auch die Zufriedenheit des Essers.

Unser Tip:

Die richtige Portion ist abhängig von ästhetischen Vorlieben. So darf

Powidltascherln

ein Wiener Schnitzel ruhig das Format eines Wagenrades haben, die Weinbergschnecke hingegen sollte aus Rücksicht auf ästhetische Empfindlichkeiten mit einem Bissen vertilgbar sein.

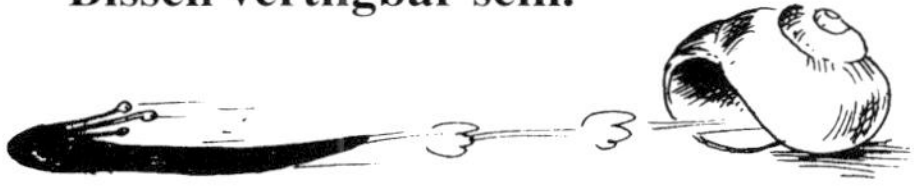

Powidltascherln

Sünde aus der Wiener Mehlspeisenküche, die sich ganz harmlos als gekochte Teigtasche tarnt. Nur gut, wenn richtig prall und saftig-süß. Sparen Sie niemals an der Füllung aus Pflaumenmus. Es sei denn, Sie wollen sich den Bäckerschnupfen holen. Mit dem wurden zur guten alten k.u.k. Zeit des Habsburgerreiches knickrige Bäcker bestraft. Man sperrte sie in einen Käfig und tauchte sie zur Freude der Zuschauer mehrfach in der Donau unter.

Achtung!

Österreichisches Naschwerk liegt schwer im Magen. Gegen den unverdaulichen Klumpen hilft Marillenschnaps oder Kirschwasser.

R

reduzieren

Die Technik, eine Soße so lange einzukochen, bis nichts mehr von ihr da ist.

Bitte beachten:

Was durch den Vorgang des Reduzierens verlorengegangen ist, läßt sich nicht automatisch durch Brühwürfel wieder gutmachen, es sei denn, Sie legen Wert auf Kantinengeschmack.

Reis

Für manche ignorante Gesellen ein Haufen fader weißer Körner, mit denen man allenfalls Brautpaare bewerfen oder den Salzstreuer trocken halten kann.

Achtung!

Diese Leute können vor lauter Kartoffeln nicht über den Horizont blicken und sollten mit Risotto-Entzug nicht unter zwei Jahren bestraft werden.

Rezepte

Beleidigung für jeden Hobbykoch. Die kleinliche Auflistung von Zutaten, Mengenangaben und Zubereitungsvorschriften sind der größte Hemmschuh bei der Küchenkunst. Wirkliche Kreativität zeigt sich erst beim Improvisieren mit Resten aus dem Kühlschrank.

Unser Tip:

Der wahre Hobbykoch hat ein Diktiergerät neben dem Herd liegen, mit dem er jeden Geistesblitz festhält. Die gesammelten Kreationen lassen sich später prima an Kochbuch-Verlage verscherbeln, die das Geld für eine Versuchsküche sparen wollen.

Rührstab

Akkubetriebenes Instrument, das Muskelkater im Unterarm verhindern soll, dafür aber zu erniedrigenden Bodenübungen zwingt, die nötig werden, um die wegen heftigen Drehzahlen aus dem Topf spritzende Soße aufzuwischen.

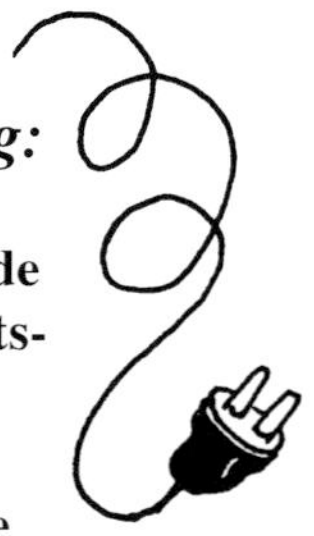

Unsere Empfehlung:

Fallen Sie nicht auf jede Werbung für Haushaltsgeräte herein. Manches wurde nur erfunden, damit all die Steckdosen in der kongenialen Einbauküche einen Sinn bekommen.

S

Salz

Streugut, das bei vielen Gerichten den Geschmack hervorkitzeln, aber genausogut auch übertünchen kann.

Wir raten:

Sollte behutsam angewendet werden, es sei denn, in der Küche bildet sich Glatteis.

Sandwich

Gewissermaßen ein kulinarischer Turmbau zu Babel, der darin besteht, Weißbrotscheiben mit köstlichen Zutaten wie etwa Wurst, Käse, Fisch, Garnelen, Mayonnaise und Salaten so hoch zu belegen, daß kein Mensch mehr vernünftig hineinbeißen kann.

Unser Tip:

Nur dann empfehlenswert, wenn ausreichend Papierservietten in der Nähe sind, um

a) die triefenden Mundwinkel abzuwischen,
b) Flecken aus dem Anzug zu entfernen und
c) die Tränen der Traurigkeit zu trocknen, weil das teure Sandwich aus den Fingern geglitscht und zu Boden gefallen ist.

Saumagen, Pfälzer

Spezialität aus dem Überlappungsgebiet keltischer und germanischer Kultur (und damit zweier Schwein, Kartoffeln und Kastanien verehrender Eß-Religionen). Wurde in den letzten Jahren von einem bekannten Oggersheimer Politiker in den diplomatischen Stand erhoben, um die deutsche Küche wehrhaft gegen spanische, italienische oder französische Einflüsse zu verteidigen.

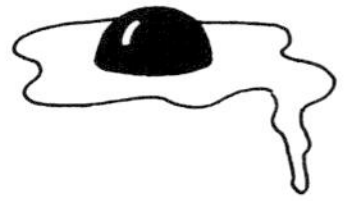

Achtung!

Wie Völkerkundler beobachtet haben, wird für die Pfälzer der Kreislauf von Genuß und Begierde durch nichts besser stimuliert als durch einen gefüllten Saumagen. Denn mit ihm halten die Pfälzer es so, daß sie ihre Gier nach demselben durch Weinkonsum anheizen, während die Sättigung mit dem Saumagen wiederum Weindurst macht.

sautieren

Höchst gefährliche Zubereitungsart. Hat weder mit der Sau noch mit anderen Tieren zu tun, sondern kommt vom französischen „faire sauter“ = springen lassen. Es bedeutet, daß das Fett in der Pfanne so heiß sein muß, daß die eingelegten Zutaten darin „springen“, allerdings möglichst nicht über den Pfannenrand hinaus.

Unser Tip:

Bloß keine Flüssigkeit hinzugeben: Das könnte ins Auge gehen.

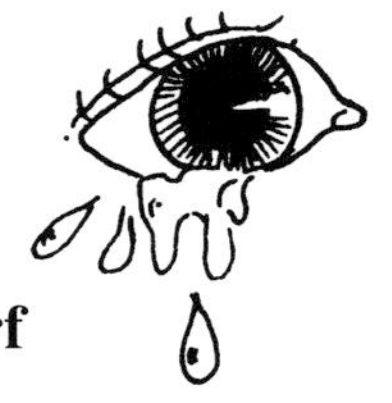

scharf

Umschreibung der Tatsache, daß es der Hobbykoch beim Würzen seines Gerichts besonders gut gemeint hat.

Wir raten:

Weil etwas zuviel in der Feinschmecker-Küche gleich viel zuviel ist, bahnt sich immer dann ein brennendes Abenteuer an, wenn Gewürze wie Chili, Tabasco-Soße oder Chayenne im Spiel sind.

Schnapsidee

Der Irrglaube, daß sich fade Soßen oder Desserts durch reichliche Zugabe von Cognac oder Himbeergeist aufpeppen lassen. Einziger

sautieren

Vorteil: Die Esser sind so benebelt, daß sie nicht merken, welch langweilige Kreation ihnen aufgetischt wird.

Unsere Empfehlung:

Sollten Sie ein Alibi für die reich bestückte Hausbar brauchen, üben Sie sich im Flambieren. Zur Vermeidung von Bränden ist allerdings ein nüchterner Zustand ratsam.

Schnitzel

Evergreen der deutschen Küche, der leider oft nur noch als Trägermasse für rote (Zigeunerschnitzel) und braune (Jägerschnitzel) Soßen benutzt wird.

Unser Tip:

Wie die Italiener das Schnitzel mit Schinken und Salbei aromatisieren oder auf Zarenart eine Creme von Gänseleber und Trüffeln darüberstreichen! Und niemand wird Sie mehr der gutbürgerlichen Einfallslosigkeit zeihen.

Schuhbeck, Alfons

Von Terminen gehetzter Medienstar, der neben Talkshow-Auftritten, Staatsbesuchen, Fotosessions und Hubschrauberflügen gelegentlich auch am Herd seines Nobelrestaurants zu besichtigen ist.

Wir warnen:

Bei Sterneköchen ist es wie beim Prominentenfriseur: Die Assistenten machen die Arbeit und der Meister macht das große Geld.

Schule

Bei einer komplizierten Tätigkeit wie dem Kochen ist noch kein Meister vom Himmel gefallen. Deshalb muß viel geübt werden, bis nicht nur das

Küchen-Abc und dessen Grammatik stimmt, sondern auch die feinen Formulierungen klappen, an denen der Gourmet das kulinarische Gedicht erkennt.

Unser Tip:

Um das Küchen-Abitur zu bestehen, führt kein Weg daran vorbei, öfter mal in den Restaurants großer Vorbilder nachzusitzen.

Semmelbrösel

Klar, daß der Hobbykoch für die seltenen Gelegenheiten, wo es Wiener Schnitzel gibt, keinesfalls auf Paniermehl aus dem Supermarkt zurückgreift, sondern diese Zutat in eigener Großproduktion herstellt. So sammelt er unzählige Tüten mit altbackenem Weißbrot, steinhartem Baguette oder angeknabberten Brötchen, die darauf warten,

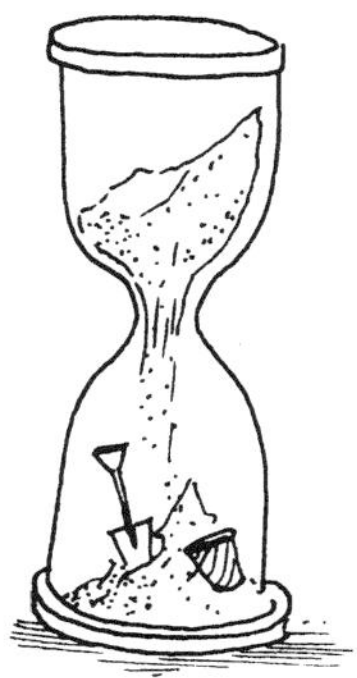

irgendwann durch die Mühle gedreht zu werden.

Wir merken uns:

Würde sich die Oma nicht manchmal erbarmen und mit dem Backwerk heimlich die Enten am Stadtteich füttern, wäre der Hobbykoch vermutlich längst in seinen Bröselbergen erstickt.

Soße

Diese Begleiterin in höchster Vollkommenheit zu bereiten gehört zum Schwierigsten, was es in der Kochkunst gibt.

Unser Hinweis:

Falls der Hobbykoch das Gefühl hat, daß die Raffinesse seiner weißen, braunen, kalbskräftigen, wildhaften oder weinvollen Soßen von den Gästen nicht gebührend gewürdigt wird, empfiehlt es sich, den ignoranten Essern als Schocktherapie einfach mal einen kräftigen Schuß Ketchup auf den Teller zu geben.

Suppe

Gericht zum Löffeln, in dem irgend jemand immer ein Haar findet. Für Hobbyköche vor allem dann eine Herausforderung, wenn stundenlang Hühner, Knochen und Gemüseberge eingekocht werden müssen und man nicht einfach den Inhalt einer Dose in den Topf schütten kann.

Naheliegend:

Gut Ding will Weile haben, ein perfektes Süppchen erst recht. Und weil man die eigene Suppe meist selber auslöffeln muß, gibt man sich besondere Mühe.

T

Teller-Ikebana

Wenn drei verlorene Erbsen, ein Radieschenschnitz, zwei Tropfen Soße, vier Nudeln, ein Pfefferminz-Blättchen und ein pfenniggroßes Stück Fleisch auf einem halben Quadratmeter Teller Platz zur Entfaltung haben.

Wir meinen:

Natürlich ißt das Auge mit. Aber Sie sollten bei aller Liebe zu einer kunstvollen Dekoration daran denken, daß auch der Magen satt werden möchte.

Tiefkühlkost

Versuch der Lebensmittelindustrie, den Hobbykoch überflüssig zu machen, indem die Illusion geweckt wird, man könne jede nur denkbare Speise allzeit abrufbereit aus dem Gefrierschrank zaubern.

Tutti - frutti

Der dringende Rat:

Legen Sie sämtliche Unsitten auf Eis, bei denen Speisen nicht frisch bereitet werden.

Tutti frutti

Gericht, bei dem alles mögliche schnell mal in einen Topf geworfen wird, weil der Koch nur noch Augen für die süßen Früchtchen hat und sich die Geschmacksnerven verdirbt.

Unser Tip:

Nicht jedes Fernsehrezept eignet sich zum Nachkochen. Erst recht nicht die, die uns den Mund mit hüllenlosem jungem Gemüse wäßrig machen.

U

überkochen

Gemütszustand des Hobbykochs kurz vor der Explosion. Tritt zumeist bei der Zubereitung von komplizierten Sahnesoßen ein, während gleichzeitig das Telefon klingelt, jemand hektisch an der Türe pocht und der Hund die kostbaren Kaviarhäppchen, die als Vorspeise gedacht waren, von der Anrichte klaut.

Wir empfehlen:

Schicken Sie alle Mitbewohner auf die Straße, setzen Sie sich einen absolut undurchlässigen Gehörschutz auf – und vor allem: Verzichten Sie auf geschwätzige Ehefrauen und Haustiere in Ihrer unmittelbaren Nähe!

verlorene Eier

V

Vanille

Als Aphrodisiakum gepriesene Schote einer Kletterorchidee. Wird in getrockneter Form zum Würzen benutzt. Während die Theoretiker darüber streiten, ob die dicken und saftigen Schoten aus Tahiti oder die Schoten aus Java mit ihrem rauchigen Geschmack besser sind als die mit dem Malzaroma von den Komoren, haben Sie als Connaisseur das köstliche Mark längst in eine Creme gerührt, die Ihre neue Eroberung dahinschmelzen läßt.

Unsere Empfehlung:

Wenn Sie von Vanille nicht genug bekommen können, hier unser Menüvorschlag: Würzige Vanillesuppe, danach Blattsalate mit Vanillevinaigrette, als Hauptgang Huhn mit Vanilleglasur und zum Nachtisch Vanilleeis mit einer Soße aus in Vanillezucker eingelegten Früchten. Danach werden Sie bestimmt zur Trüffel konvertieren.

verfeinern

Wichtige Tätigkeit kurz vor Fertigstellung des Gerichts, bei der kein Hobbykoch gestört werden darf. Es sei denn, man möchte Alarm schlagen, weil weder der Stich Butter, noch ein Schuß Cognac, aber auch kein Tropfen Wein, keine Schlagsahne oder Crème fraîche da ist, womit man einer Soße den ganz besonderen Pfiff geben könnte.

Unser Tip:

Beim Verfeinern aufpassen, daß man vor lauter Spitzfindigkeiten das Salzen nicht vergißt.

cola
Verführung.

Verführung

Weil Liebe durch den Magen geht, haben Hobbyköche in der Regel gute Chancen, die neue Flamme durch Topfakrobatik rumzukriegen.
So endete schon manches romantische Candlelight-Dinner im Schlafzimmer.

Achtung!

Nichts darauf einbilden. So manche Schöne ist nur deshalb über Nacht geblieben, um herauszukriegen, ob das Frühstück genausogut ist wie das raffinierte Abendessen.

Vorspiel

Für den Hobbykoch häufig das Abendessen.

Unser Tip:

Lassen Sie die Finger von allzu üppigen Menüs, um sich für kühnere Taten einzustimmen. Sagt doch ein französisches Sprichwort: Wenn Liebe und Verdauung zusammen ins Bett gehen, ist der Sprößling ein Schlaganfall.

W

Wasserbad

Luxus, den sich ein empfindliche Dame namens Mousse au chocolat ausgedacht hat, um in wohltemperierter Umgebung ihre ganze Sinnlichkeit zu entfalten. Als Liebesdienst muß der Koch bereit sein, sie nur dampfen, aber niemals kochen zu lassen.

Achtung!

Immer wieder trifft man auf eifersüchtigen Schokoladenpudding, der laut Packungsbeilage durch ordinäres Kochen in Milch fest werden sollte. Um gegen die Vorzugsbehandlung der Mousse zu protestieren, brennt er kurzerhand an – eigentlich verständlich.

Weintrauben

Frucht, die uns in jeder Phase Genuß schenkt: Ihre Kindertage verbringt sie als Obst, in der Reifezeit entwikkelt sie sich zu Wein, und im Greisenalter gefällt sie als Cognac.

Nicht vergessen:

Selbst als Rosine mumifiziert, bleibt die Traube leckere Lockung.

Z

Zähne

Werkzeug im Mund des Hobbykochs, das dieser benutzt, um Vakuumhüllen, Folien, Tüten und andere hartnäckige Verpackungsmaterialien aufzureißen, weil er mal wieder die Schere nicht gefunden hat.

Vorsicht!

Hobbyköche sollten ihre Kauwerkzeuge möglichst nie zweckentfremden, damit sie noch lange Freude am Beißen haben. Es wäre schade, nur noch Brei essen zu können.

Zwiebel

Bisweilen etwas scharfes Liliengewächs aus der Gattung Lauch, das einerseits zwar recht würzig, andererseits aber auch zum Weinen ist.
Unsere Empfehlung:
Passen Sie auf, daß Sie nicht werden wie die alten Ägypter: Die dachten nämlich, Zwiebeln symbolisierten das vielschichtige Universum, und schwörten auf eine Zwiebel wie einige von uns auf die Bibel, ohne dabei auf ihren Atem zu achten.

Pizza Gewürz
Braten Gewürz
fix
China fix
Wild fix